Historietas Juveniles
Biogra...

TORO SENTADO

y la batalla de Little Bighorn

Dan Abnett

Traducción al español:
José María Obregón

PowerKiDS press.

& **Editorial Buenas Letras™**
New York

Published in 2009 by The Rosen Publishing Group, Inc.
29 East 21st Street, New York, NY 10010

First Edition

Editors: Joanne Randolph and Nel Yomtov
Spanish Edition Editor: Mauricio Velázquez de León
Book Design: Julio Gil
Illustrations: Q2A

Library of Congress Cataloging-in-Publication Data

Abnett, Dan.
   [Sitting Bull and the Battle of Little Bighorn. Spanish]
   Toro Sentado y la Batalla de Little Bighorn / Dan Abnett ; traducción al español: José María Obregón. – 1st ed.
      p. cm. – (Historietas juveniles, biografías)
   Includes bibliographical references and index.
   ISBN 978-1-4358-3318-0 (pbk. : alk. paper)
   ISBN 978-1-4358-3319-7 (6-pack: alk. paper)
   ISBN 978-1-4358-8562-2 (hardcover: alk. paper)
   1. Little Bighorn, Battle of the, Mont., 1876–Juvenile literature. 2. Sitting Bull, 1834?-1890–Juvenile literature. I. Title.
   E83.876.A218 2009
   978.004'9752092–dc22
   [B]
                                          2008049515

Manufactured in the United States of America

CONTENIDO

PERSONAJES PRINCIPALES

Toro Sentado (aprox. 1831–1890) Indígena americano, **hombre santo** y líder de la tribu Lakota siux. Toro Sentado peleó con frecuencia contra la armada de los E.U.A., que trataba de tomar control de tierras indígenas. Toro Sentado comandó a miles de **guerreros** indígenas en contra de las tropas de George Armstrong Custer en la batalla de Little Bighorn, en 1876. En busca de libertad, Toro Sentado llevó a su tribu a Canadá. Toro Sentado regresó a los Estados Unidos en 1881. El gobierno temía el poder de Toro Sentado. Toro Sentado murió cuando el gobierno envió a la policía a arrestarlo.

George Armstrong Custer (1839–1876) Comandante de la caballería estadounidense durante la Guerra Civil y las guerras contra los indígenas americanos. Custer es conocido por su participación en la batalla de Little Bighorn. Custer y todos sus hombres murieron en esta batalla contra Toro Sentado y su tribu.

Crazy Horse (c. 1842–1877) Miembro de la tribu oglala siux. El nombre Crazy Horse quiere decir Caballo Loco. Crazy Horse es conocido por su bravura durante la batalla. *Crazy Horse* era considerado como un gran líder que comandó a su gente en contra de los blancos estadounidenses que trataban de controlar las tierras de los indígenas.

TORO SENTADO
Y LA BATALLA DE LITTLE BIGHORN

TORO SENTADO ERA UN NATIVOAMERICANO DE LA TRIBU LAKOTA SIUX. TORO SENTADO NACIÓ EN DAKOTA DEL SUR ALREDEDOR DE 1831.

LA GENTE LE LLAMABA "LENTO" POR QUE SIEMPRE HACÍA LAS COSAS CON CUIDADO.

LA PRIMERA BATALLA DE "LENTO" FUE CONTRA LA TRIBU CROW.

"LENTO" TENÍA 14 AÑOS. SU PADRE ESTABA TAN ORGULLOSO DE ÉL QUE LO NOMBRÓ TORO SENTADO.

AL CRECER, TORO SENTADO BAILABA LA DANZA SIUX DEL SOL Y SE CONVIRTIÓ EN HOMBRE SANTO.

EN EL AÑO 1850, SE ENCONTRÓ ORO EN LA COSTA OESTE DE LOS ESTADOS UNIDOS. MUCHAS PERSONAS QUE BUSCABAN ORO CRUZARON LOS TERRITORIOS SIUX EN EL CENTRO DEL PAÍS.

LOS SIUX PELEARON CONTRA LOS **COLONOS** PARA CONSERVAR SUS TIERRAS. PERO, CON FRECUENCIA, EL GOBIERNO DE ESTADOS UNIDOS LE DABA A LOS COLONOS TIERRAS QUE LE PERTENECÍAN A LOS NATIVOAMERICANOS.

EN UN **TRATADO** DE 1868, EL GOBIERNO ARREGLÓ **RESERVACIONES** EN LAS QUE PODÍAN VIVIR LOS NATIVOS AMERICANOS.

AQUEL AÑO, EL TÍO DE TORO SENTADO, EL JEFE CUATRO CUERNOS, REUNIÓ A LOS SIUX.

EL JEFE QUERÍA HABLAR DEL **FUTURO** DE SU GENTE.

NECESITAMOS UN LÍDER PARA GUIARNOS EN ESTOS TIEMPOS DIFÍCILES.

TORO SENTADO DEBE SER EL LÍDER DE TODAS LAS TRIBUS SIUX.

TORO SENTADO FUE NOMBRADO JEFE **SUPREMO** DE LAS TRIBUS SIUX.

ALGUNOS NATIVOS AMERICANOS VIVÍAN EN LAS RESERVACIONES. ESTOS VIVÍAN MÁS COMO GRANJEROS BLANCOS QUE COMO NATIVOS AMERICANOS.

TORO SENTADO Y LOS SIUX CONTINUARON CAZANDO Y VIVIENDO A SU MANERA TRADICIONAL.

EL GOBIERNO CONSTRUYÓ **FUERTES** PARA EL EJÉRCITO EN TERRITORIOS SIUX.

LOS SOLDADOS ESTABAN AHÍ PARA **PROTEGER** A LOS COLONOS DE LOS NATIVOS AMERICANOS.

DURANTE LOS AÑOS 1870, LOS SIUX ATACARON LOS FUERTES VARIAS VECES. HUBO MUCHAS BATALLAS ENTRE LOS SIUX Y EL EJÉRCITO.

MUCHOS SOLDADOS Y GUERREROS SIUX MURIERON O RESULTARON HERIDOS EN ESTAS BATALLAS.

DE 1870 A 1872, LOS SIUX PELEARON CONTRA LA TRIBU DE LOS CROW. LOS SIUX NECESITABAN NUEVA TIERRA PARA VIVIR. LOS SIUX GANARON MUCHA TIERRA DE LOS CROW.

EN 1872, 2,000 GUERREROS SIUX SE REUNIERON EN EL RÍO YELLOWSTONE PARA ATACAR A LOS CROW.

EL EJÉRCITO TAMBIÉN PUSO UN CAMPAMENTO EN EL RÍO YELLOWSTONE.

GANAMOS ESTA TIERRA A LOS CROW. ¿QUÉ HACEN LOS COLONOS AQUÍ?

INGENIEROS DEL GOBIERNO MEDÍAN LA TIERRA PARA LA CONSTRUCCIÓN DE VÍAS DE TREN. EL EJÉRCITO ESTABA AHÍ PARA PROTEGERLOS.

CABALLO LOCO ERA EL JEFE DE LA TRIBU OGLALA Y UN GRAN GUERRERO. ADEMÁS, ERA UN BUEN AMIGO Y **CONSEJERO** DE TORO SENTADO.

PELEAMOS MUCHO POR ESTA TIERRA. NO LA PODEMOS PERDER.

SACAREMOS A LOS BLANCOS DE AQUÍ, CABALLO LOCO.

LOS SIUX ATACARON, PERO EL EJÉRCITO ESTABA MUY BIEN ARMADO.

TORO SENTADO QUERÍA MOSTRAR QUE NO TENÍA MIEDO. TORO SENTADO DECIDIÓ FUMAR SU PIPA EN UN LUGAR EN EL QUE PODÍA SER ALCANZADO POR LAS **BALAS**.

CUATRO GUERREROS SIUX SE UNIERON A TORO SENTADO. LOS SOLDADOS CONTINUARON DISPARANDO.

EL EJÉRCITO SE HA DADO CUENTA DE LA VALENTÍA DE LOS GUERREROS SIUX.

DEJAREMOS DE ATACAR.

LOS INGENIEROS Y LOS SOLDADOS DEJARON EL VALLE.

EN 1874, EL GENERAL GEORGE ARMSTRONG CUSTER DEL EJÉRCITO DE ESTADOS UNIDOS TRABAJABA EN DAKOTA. LOS INGENIEROS QUE TRABAJABAN EN LA ZONA ENCONTRARON ORO EN LAS COLINAS NEGRAS (BLACK HILLS).

EL TRATADO DE 1868 NO PERMITÍA QUE LOS COLONOS ENTRARAN A LAS COLINAS NEGRAS. ÉSTE ERA TERRITORIO SIUX. AUN ASÍ, LOS COLONOS ENTRARON EN BUSCA DE ORO.

EL GOBIERNO TRATÓ DE COMPRAR LA TIERRA A LOS SIUX. PERO, TORO SENTADO DECIDIÓ NO VENDER SUS TIERRAS.

EL GOBIERNO ACABÓ CON EL TRATADO. EL GOBIERNO **INSISTIÓ** EN QUE LOS SIUX DEBERÍAN IRSE A LA RESERVACIÓN ANTES DEL 31 DE ENERO DE 1876.

NO PERDEREMOS NUESTRA TIERRA. NO NOS PODRÁN OBLIGAR A VIVIR EN SUS RESERVACIONES.

MUCHAS OTRAS NACIONES NATIVOAMERICANAS SE NEGARON A ABANDONAR SU TIERRA. LA TRIBU CHEYENE SE UNIÓ A LOS GUERREROS DE TORO SENTADO PARA **DEFENDER** SUS TIERRAS.

LONE HORN, JEFE DE LA TRIBU MINICONJOU, TAMBIÉN HABLÓ CON TORO SENTADO.

LAS COLINAS NEGRAS HAN ALIMENTADO Y **ALBERGADO** A LOS SIUX POR MUCHO TIEMPO.

EN LA PRIMAVERA DE 1876, EL EJÉRCITO ATACÓ LOS CAMPAMENTOS DE LOS NATIVOAMERICANOS.

LAS TRIBUS DEBEN TRABAJAR JUNTAS. DEBEMOS EXPULSAR A LOS SOLDADOS.

AL MENOS NUEVE TRIBUS SE UNIERON PARA PELEAR CONTRA EL EJÉRCITO. ENTRE ELLAS ESTABAN LOS SIUX, CHEYENE Y MINICONJOU.

MÁS DE 3,500 GUERREROS NATIVOAMERICANOS ACAMPARON EN EL VALLE DEL RÍO LITTLE BIGHORN, EN MONTANA.

EL GENERAL CUSTER REUNIÓ A SUS HOMBRES. QUERÍA SORPRENDE A LOS NATIVOAMERICANOS.

LOS INDIOS NOS HAN VISTO.

¡DEBEMOS ATACARLOS ANTES DE QUE **ESCAPEN**!

EL 25 DE JUNIO, EL GENERAL CUSTER ORDENÓ AL CORONEL RENO Y 140 HOMBRES ATACAR EL CAMPAMENTO DE LITTLE BIGHORN.

TORO SENTADO HABÍA SOÑADO CON ESTA BATALLA. EN SU SUEÑO SUS GUERREROS GANARÍAN LA BATALLA.

CIENTOS DE GUERREROS NATIVOAMERICANOS ATACARON A LOS HOMBRES DE RENO.

TRAS DERROTAR A LOS HOMBRES DE RENO, LOS GUERREROS NATIVOAMERICANOS VIERON A CUSTER EN UNA COLINA CERCANA.

ENTRE 600 Y 1,000 GUERREROS ATACARON A UNOS 240 HOMBRES DE CUSTER. TODOS LOS HOMBRES DE CUSTER MURIERON EN EL ATAQUE.

LA BATALLA DE LITTLE BIGHORN TAMBIÉN SE CONOCE COMO EL ÚLTIMO ATAQUE DE CUSTER.

PERO PARA TORO SENTADO Y SU GENTE LAS DIFICULTADES NO HABÍAN TERMINADO. LOS SOLDADOS COMENZARON A PERSEGUIR Y AUYENTAR A LOS BÚFALOS DE LAS TIERRAS DE LOS NATIVOS AMERICANOS.

ADEMÁS LOS COLONOS MATARON MANADAS ENTERAS DE BÚFALOS.

EL EJÉRCITO PERSIGUIÓ A LOS NATIVOS AMERICANOS HASTA CANADÁ. DURANTE CUATRO AÑOS, LOS NATIVOS VIVIERON AHÍ EN LA **POBREZA**.

NO HAY BÚFALOS EN CANADÁ. ESTAMOS MURIENDO DE HAMBRE. MUCHA GENTE HA REGRESADO A AMÉRICA.

EL 19 DE JULIO DE 1881, LOS ÚLTIMOS SEGUIDORES DE TORO SENTADO VIAJARON POR EL VALLE DEL DEL RÍO MISURI Y SE **RINDIERON** EN EL FUERTE BUFORD.

QUIERO QUE SE SEPA QUE FUI EL ÚLTIMO DE MI TRIBU EN ENTREGAR SU **RIFLE**.

LOS BLANCOS SEGUÍAN TEMIENDO A TORO SENTADO. EL 15 DE DICIEMBRE DE 1890, LA POLICIA LAKOTA FUE A ARRESTAR A TORO SENTADO. EN EL ARRESTO LA POLICIA MATÓ A TORO SENTADO.

EL VALIENTE JEFE SIUX FUE ENTERRADO EN UNA TUMBA SIN NOMBRE.

FIN

CRONOLOGÍA

1831	Toro Sentado nace en Dakota del Sur.
1845	Toro Sentado pelea su primera batalla.
1856	Toro Sentado se convierte en hombre santo y líder de los lakota siux.
1868	En un acuerdo con los nativoamericanos, el gobierno de E.U.A organiza las reservaciones indias.
1870– 1872	Los siux pelean con los crow.
1872	Se pelea la batalla de Little Bighorn.
1877	Toro Sentado y sus seguidores se mudan a Canadá.
1881	Toro Sentado y su gente regresa a los Estados Unidos. Tras rendirse al ejército, ocupan las reservaciones.
1890	Toro Sentado muere durante su arresto.

GLOSARIO

albergar Mantener seguro.

colonos (los) Personas que se mudan a un nuevo lugar.

consejero, ra (el/la) Persona que ayuda a tomar decisiones.

defender Cuidar, mantener fuera de peligro.

escapar Irse de un lugar.

fuertes (los) Edificios que se usan para protegerse del enemigo.

futuro (el) Tiempo que está por venir.

guerreros (los) Personas que pelean en una batalla.

hombre santo (el) Una persona que se cree tiene contacto con el mundo espiritual y puede curar enfermedades.

ingenieros (los) Personas que construyen puentes, edificios, caminos, etcétera.

insistir Repetir varias veces una petición o acción para lograr algo.

pobreza (la) Ser pobre.

rendirse Dejar de pelear.

reservaciones (las) Areas que el gobierno separó para que vivieran los nativos americanos.

rifle (el) Un tipo de arma.

supremo Persona con el mayor poder

tratado (el) Un acuerdo oficial que es firmado por ambas partes.

ÍNDICE

PÁGINAS EN INTERNET

Debido a los constantes cambios en los enlaces de Internet, Rosen Publishing Group, Inc. mantiene una lista de sitios en la red relacionados con el tema de este libro. Esta lista se actualiza regularmente y puede ser consultada en el siguiente enlace:
www.powerkidslinks.com/jgb/sitbull/